¡TRIUNFAR EN LA BOLSA DE VALORES NO REQUIERE DE EXPERIENCIA!

Conoce sobre las mejores estrategias
diversificadas y concentradas con
rendimientos esperados de entre 9% a 20%.

Por Dr. Scott Brown
Traducido y editado por Gadiel Ramírez, MBA, ABD

LIBERTAD FINANCIERA

Objetivos:

Al finalizar este curso los estudiantes serán capaces de … [Iniciar con verbo]

1. Comprender y visualizar los aspectos esenciales de la inversión en acciones.
2. Implementar las mejores estrategias diversificadas.
3. Investigar sobre estrategias concentradas.

¿Quién (no) debe tomar este curso?

Todo jefe de hogar con ahorros debe tomar este curso.

¿Cuáles son los prerrequisitos para tomar este curso?

Solo se requiere de destrezas básicas de lectura y aritmética.

Cómo puede un empleado adolescente, no diestro, recibiendo salario mínimo convertirse en millonario a sus 60 años.

Cómo puede un cocinero adolescente con pocas destrezas, empleado por McDonald's, convertirse en millonario en solo 50 años.

Recientemente pude entrevistar el tercer inversionista más famoso del mundo, Mohnish Pabrai. Warren Buffet y Charlie Munger le anteceden en esta lista, y le proveen de inspiración y ejemplo.

El Sr. Pabrai cuenta la historia de un bibliotecario que murió en 2015 con una herencia de $4 millones la cual donó a la Universidad de New Hampshire (UNH).

http://www.cnbc.com/2016/09/20/librarian-leaves-4-million-to-alma-mater-critics-question-how-mschool-spends-money.html

Mohnish nos explica una estrategia que le permitiría a un adolescente cualquiera con pocas destrezas y recibiendo salario mínimo alcanzar el éxito financiero.

El joven cocinero, empleado por McDonald's, recibirá $15,000 anuales producto de 2,000 horas de trabajo a salario mínimo. Este joven podría ahorrar un 10% y contribuir a los gastos del hogar con el otro 90%. Los $1,500 anuales, tomados de su salario bruto pueden ser depositados en una cuenta ROTH IRA (luego de impuestos) o en una cuenta IRA Tradicional (previo a impuestos).

Este ejemplo es uno conservador. Con motivo de simplificar, se presume que nuestro joven de 18 años no recibe pareo por concepto de su participación en un plan de pensiones 401(K) auspiciado por su empleador. Es decir, se subestiman los depósitos.

Suponiendo que su estrategia de inversión genera un 9% de rendimiento anual y ajustando los depósitos por concepto de inflación - por ejemplo, un 2% de inflación incrementa la contribución anual a $1,530.

Cincuenta años más tarde, a la edad de 68 años, el cocinero habrá ahorrado $75,000 de salario bruto.

Según la regla del 72, el tiempo que le toma a un depósito original para duplicarse se puede estimar dividiendo la cifra de 72 entre la tasa de rendimiento promedio obtenido. En nuestro caso, le tomará 8 años (72 ÷ 9%).

¿A cuánto crecerán estos $1,500 de depósitos anuales al término de 50 años, utilizando un 9% de rendimiento?

Respuesta: $ 1,332,662

Lo anterior puede verificarse en Bankrate.com utilizando los datos provistos anteriormente para nuestro joven empleado no diestro: http://www.bankrate.com/calculators/retirement/traditional-ira-plan-calculator.aspx

¿Te parece esto razonable?

El libro más respetado en las inversiones, "Essentials of Investments" por los profesores Bodie, Kane y Marcus, en su capítulo dedicado a la Teoría de Cartera de Inversión, nos informa que durante el período de 1920 a 2010 una cartera de acciones compuesta de empresas estadounidenses pequeñas obtuvo un rendimiento promedio de 11.80%. Esta cifra alcanzó un 9.62% para una cartera de empresas norteamericanas grandes y un 9.21% para una cartera de acciones internacionales.

Los datos anteriores son promedios geométricos basados en acciones de mercado.

Si nuestro joven cocinero hubiese utilizado instrumentos de inversión ETF tales como Diamonds (DIA) o Spiders (SPDR), su rendimiento promedio hubiese sido 9.62% para este mismo periodo.

El éxito financiero de la estrategia de inversión discutida por el Sr. Pabrai resulta de los efectos de una tasa de rendimiento compuesta y del factor tiempo.

El fondo de inversión manejado por Prabai, por ejemplo, ha obtenido un rendimiento promedio de 15% durante sus años de existencia. Lo que aplicado a nuestro ejemplo del joven cocinero empleado de

McDonald's significaría un balance de cuenta de $12,450,561 al termino de 50 años. Diez veces el resultado anterior, resultado de un 6% de rendimiento adicional.

— Doc Brown y Gadiel Ramírez, MBA, ABD

P.D. Inscríbete gratis en esta importante comunidad de inversionistas de Mercado: https://www.facebook.com/groups/887862098019807

P.P.D. Inscríbete en el curse de Udemy...Gratis:https://www.udemy.com/triunfar-en-la-bolsa-de-valores-no-requiere-de-experiencia/

Como aprovechar al máximo este libro.

Soy el Dr. Scott Brown. Poseo un codiciado grado doctoral de una prestigiosa institución educativa, la Universidad de Carolina del Sur. También soy investigador y profesor titular de Finanzas en la Escuela Graduada de la Universidad de Puerto Rico, una institución acreditada por la AACSB.

He diseñado este curso con el propósito de proveerte de una base sólida para el manejo de la cartera de inversión de tu familia. Me he percatado de que muy pocos inversionistas poseen una visión clara y abarcadora necesaria para enfrentar los retos del mercado y multiplicar sus valiosos ahorros.

Los estudiantes de este curso son generalmente profesionales exitosos, con ahorros y en busca de instrumentos de inversión que le permitan alcanzar sus metas de retiro. Además, no poseen un trasfondo financiero o económico. No obstante, el curso le resultará muy útil a cualquier persona interesada en invertir en los mercados.

Este es un asunto importante ya que hoy día muchos hogares se ven forzados a manejar sus planes de retiro independientemente de su empleador. Se les brinda la excelente oportunidad de establecer una cuenta 401 (K) o cualquier otro plan de retiro; pero poca o ninguna orientación respecto a la selección de aquellos instrumentos financieros que les garanticen un retiro placentero.

Algunas estrategias que el estudiante aprenderá en este curso son:

- Sección 1: Haz que el mercado trabaje para ti!
- Sección 2: Conoce 8 estrategias de inversión que superan los rendimientos del Mercado!

Tres beneficios importantes que el estudiante debe considerar:

1. Lo primero es que aprenderán como invertir en instrumentos tales como acciones comunes, fondos mutuos y fondos cotizados (ETFs), que ofrecen mayor rendimiento y mejores oportunidades de crecimiento a largo plazo.
2. Segundo, si son pacientes con su estrategia de inversión superarán cualquier desplome del mercado.
3. Tercero, sabrán diversificar su cartera de inversión entre acciones, efectivo y bonos.

Al finalizar el curso los estudiantes serán capaces de implementar las mejores estrategias diversificadas conocidas, capaces de producir rendimientos de entre 9% a 10%. Además, tendrán la oportunidad de considerar estrategias de inversión concentradas con potencial de rendimiento de entre 18% a 20%. Cada estudiante decidirá sobre la estrategia de inversión que le resulte más conveniente.

Haz que el mercado trabaje para ti!

¡Los altos rendimientos del mercado de acciones de Wall Street están disponibles para todos!

Rendimiento transformadores

En agosto de 2004, Google se convirtió en empresa pública mediante un proceso de Oferta Pública Inicial (IPO). Las acciones, que inicialmente traficaron a $85, cerraron su primer día en los mercados valoradas en $100 por unidad. De acuerdo a Yahoo Finance, al principio de 2017 el sistema NASDAQ GS valoraba las acciones de Alphabet Inc. (GOOG) en $801 la unidad.

Lo que representaría una ganancia capital de $716 por unidad para un inversionista primario.

Es decir, una inversión original de $ 85,000 en 1,000 acciones de Alphabet Inc. (GOOG) en el 2004 tendrían un valor de $ 716,000 a principios de 2017.

Este curso está diseñado para proveerte de los conocimientos necesarios para descubrir oportunidades de inversión de este tipo.

En este libro aprenderás ...

- Sobre Índices de Mercado y como beneficiarte de los mismos.
- Como se Reglamenta el Mercado de Valores
- Como estimar el precio de acciones comunes según la teoría financiera
- Como el mercado fija los precios de acciones comunes en la práctica
- Sobre algunas fuentes de error causantes de grandes pérdidas
- Como invertir en activos domésticos y/o internacionales

¿Qué es una cuota de participación en la acción común?

Una cuota de participación representa patrimonio en la empresa emisora de la acción para el inversionista. Le confiere participación de las ganancias, derecho a elegir, mediante votación, los directores de la empresa y control sobre muchas otras decisiones que se llevan a cabo dentro de la corporación. Pueden, por ejemplo, decidir sobre enmiendas al acta de constitución y sobre la emisión de nuevas acciones.

Los inversionistas adquieren acciones comunes principalmente de compañías registradas en las bolsas de valores principales. Estas compañías les ofrecen las mejores oportunidades de inversión debido al fácil acceso a su información.

El rendimiento de las acciones comunes tiene dos componentes:

Componente #1: El precio de la acción aumenta con el tiempo, generando ***ganancias de capital*** al inversionista.

Componente #2: La empresa puede decidir distribuir parte de sus ingresos a sus dueños inversionistas en forma de ***dividendos***.

Hay dos tipos de acciones: comunes y preferidas.

Las acciones preferidas son a manera de un instrumento híbrido entre los bonos corporativos y las acciones comunes. Sus dueños reciben pagos fijos a intervalos definidos, sus reclamaciones sobre los activos de la empresa tienen prioridad a las de los accionistas comunes, pero están subordinas a las de los acreedores (bonistas).

Los accionistas comunes son los dueños de la empresa, su derecho al voto les provee de control sobre las decisiones de la empresa. Sin embargo, en caso de liquidación, sus derechos sobre los activos de la empresa están subordinados a los demás inversionistas en la empresa. Solo por esta razón, su inversión se considera la más riesgosa.

La teoría financiera establece que los rendimientos esperados de un instrumento de inversión varían en proporción al riesgo.

Los derechos de los acreedores tienen duración limitada; los bonos vencen y su principal es devuelto. El valor de las acciones comunes depende de la solvencia de la empresa y su duración es, por naturaleza, incierta. El rendimiento de los bonos es, generalmente, fijo y menor al de las acciones.

Por motivos de su mayor duración y rendimiento esperado, las acciones comunes representan el mejor instrumento de inversión. Sobre todo, para inversionistas con una cantidad modesta de ahorros.

Observa el siguiente certificado de acción; no tiene fecha de vencimiento, tasa de interés, ni especifica algún valor par (face value). Este es un certificado de propiedad que confiere patrimonio sobre quince (15) acciones comunes.

El número CUSIP es un identificador exclusivo de la empresa. Este es asignado por el *"... Committee on Uniform Securities Identification Procedures [Comité sobre Procedimientos Uniformes de Identificación de Valores]. El número CUSIP identifica un instrumento financiero, incluyendo: acciones de todas las compañías estadounidenses y canadienses registradas, papel comercial y bonos gubernamentales y municipales de los Estados Unidos "*.

Dos dimensiones diferencian las acciones comunes de otros instrumentos: su derecho al voto y sus dividendos.

Si el certificado hiciese referencia a alguna fecha de vencimiento, valor nominal o tasa de interés, inmediatamente se asumirá que se trata de acciones preferidas. Esto porque la acción preferida paga un dividendo constante.

Las acciones preferidas no confieren derechos de votación.

En caso de bancarrota, los tenedores de acciones preferidas recuperan su inversión antes que los accionistas comunes, pero después de los tenedores de bonos.

Lo anterior hace que las acciones preferidas se parezcan tanto a los bonos como a las acciones comunes. Además, suaviza la volatilidad de sus precios.

Sólo una pequeña fracción del capital (5%) se obtiene a través de acciones preferidas; porque a diferencia de los pagos de intereses sobre los bonos, los pagos de dividendos no son deducibles de impuestos.

A la empresa le cuesta más dinero emitir acciones preferidas que la venta de bonos.

Miles de millones de acciones se mercadean diariamente a través de las bolsas de valores en los Estados Unidos. Esto genera un flujo ordenado de capital, equidad e información para los inversionistas.

Orden es una importante característica de los mercados desarrollados y eficientes que resulta muy atractiva a diferentes inversionistas.

En la actualidad, el comercio electrónico compite fuertemente tanto contra bolsas de valores organizadas como contra redes de intermediarios.

La bolsa de valores de Nueva York (NYSE), es la más conocida. Allí se mercadean un promedio de 4,000 millones de acciones diariamente. Pero en un día cualquiera, este volumen de ventas puede alcanzar un tope de 7,000 millones. El NYSE se creó en 1792 con veinticuatro corredores de valores reunidos en una cafetería de Manhattan llamada *The Tontine*, localizada en la esquina noroeste de *Wall and Water*. Se le apodó "the big board" (el tablero grande), y hoy día sigue siendo el intercambio más grande y más líquido en el mundo.

Una bolsa de valores es un lugar específico donde compradores y vendedores se reúnen con regularidad para negociar valores a viva voz.

Solo acciones de compañías grandes son mercadeadas en el NYSE. La firma o empresa debe tener un mínimo de $10 millones en ingresos anuales y un valor de mercado (Cap) de $100 millones para cotizarse en el NYSE. En el presente, el valor de mercado promedio de las empresas en el NYSE supera los $19,600 millones. Las transacciones a viva voz están desapareciendo y las redes de comunicación electrónica (ECNs) han reemplazado las subastas en piso. Hoy día el NYSE es una bolsa híbrida, ofreciendo tanto transacciones tradicionales (subastas a viva voz) como transacciones electrónicas a través de su Archipelago Exchange (NYSE Arca). El NYSE Arca constituye la mayor red de comunicaciones electrónicas (ECN) en el mundo con un listado de 8,000 firmas a su haber. En el piso del NYSE se continúan traficando las compañías grandes (blue chip), mientras que el NYSE Arca destaca en la comercialización de los populares productos comerciados en bolsa (ETPs).

¡Considera lo siguiente!

En octubre 28 de 1998, el NYSE batió récords al alcanzar un volumen de transacciones de 1,000 millones de acciones. En 2013, solo 15 años más tarde, el volumen diario promedio 4,000 millones (4 veces el récord de 1998).

Las bolsas regionales como Filadelfia, ofrecen mayor acceso y acogen a las empresas pequeñas. Algunas firmas se cotizan en múltiples bolsas, ya que algunos gerentes interesan ganar una mayor exposición para la empresa. Sin embargo, no existe evidencia de que esta exposición influya el precio de la acción. Microsoft (MS), por ejemplo, tenía una capitalización de mercado de más de 250,000 millones de dólares a principios de siglo, pero nunca ha cotizado en múltiples mercados de intercambio (bolsas).

Las otras dos grandes bolsas mundiales, además de la NYSE, son:

- Bolsa de Valores de Londres (LSE) en Inglaterra
- Bolsa de Valores de Tokio (Nikkei) en Japón

Otras bolsas internacionales de importancia incluyen:

- Bolsa de Valores de Frankfurt (DAX) en Alemania
- Bolsa de Valores de Toronto (TSE) en Canadá
- Bolsa de Valores de Sídney (ASX) en Australia

Aunque existen muchas bolsas de valores, conviene enfocarse primero en las bolsas estadounidenses que son consideradas las de mayor importancia y trascendencia.

Mercados de Venta Libre (OTC)

Una empresa puede cotizar con una red de distribuidores. El mejor ejemplo es el Sistema de Cotización Automatizado de La Asociación Nacional de Agentes de Valores (**NASDAQ**). Esta red se inició en 1971 y permite a los agentes crear un mercado para acciones pequeñas. En la película El Lobo de Wall Street se describe correctamente cómo se lleva a cabo el proceso.

Hoy día, unas 3,100 acciones se cotizan con el NASDAQ.

Sin la presencia de agentes de valores dispuestos a comerciar acciones pequeñas y/o de poco volumen, no existiría mercado para las mismas.

Facebook hizo historia en 2012 cuando provocó el colapso del NASDAQ. El precio de su acción descendió a los $40 despertando el interés de los inversionistas y creando un volumen demasiado alto para el NASDAQ, que no pudo soportar la presión.

Invirtiendo en Acciones: Mercados Organizados vs Mercados de Venta Libre

Las bolsas de valores organizadas (por ejemplo, el NYSE) utilizan el mecanismo de subasta donde especialistas de piso mercadean valores a viva voz. Una cuarta parte de todas las transacciones de mercado son procesadas por estos especialistas.

El 90% de las transacciones parean compradores con vendedores. El restante 10% presenta al especialista como contraparte. Una práctica que ha recibido fuertes críticas por entenderse que brinda ventajas indebidas a algunos agentes de valores.

Al menos dos tercios de las transacciones del NYSE se someten a través del SuperDOT. El SuperDOT (Sistema de Entrega de Órdenes Súper Ordenado) es muy eficiente ya que transmite las órdenes directamente al concesionario correspondiente. El sistema se utiliza para procesar órdenes de menos de 100,000 acciones y da prioridad a aquellas inferiores a las 2,100.

Los mercados de venta libre (por ejemplo, el NASDAQ) realizan funciones de suma importancia para la economía. Sus agentes de valores (market makers) establecen precios de compra (bid) y de venta (ask) para acciones pequeñas y/o de poco volumen. Sin ellos no existiría mercado para las mismas.

Gracias a los agentes de valores, el precio de cada acción se mantiene razonablemente justo. Algo similar no puede decirse de los corredores de bolsa.

Múltiples agentes de valores cotizan precios de compra y de venta sobre una misma acción. Aunque estos precios podrían diferir, según el argumento de no-arbitraje y la ley de un solo precio, no sería posible tomar ventaja de la discrepancia.

Invirtiendo en Acciones: ECNs

Las redes de comunicación electrónica (ECNs) permiten a corredores e inversionistas negociación directa, sin la necesidad de intermediarios tales como especialistas de piso o agentes de valores.

El *Archipelago de la NYSE Euronext* compite con *Instinet* y *Island* en el espacio de las redes de comunicación electrónica (ECNs).

Las ECNs ofrecen varios beneficios:

- **Transparencia**: Diferentes ECNs ofrecen diferentes niveles de transparencia; algunos van tan lejos como mostrar su libro de órdenes limitadas.
- **Reducción de costo:** Ahorros en el pago de comisiones a intermediarios.

- **Procesamiento expedito:** Las transacciones en ECNs son procesadas en tiempo mínimo.
- **Acceso continuo:** ECNs permiten efectuar transacciones fuera de horario regular.

Inconvenientes con las ECNs

Las ECNs no funcionan para acciones que presentan largos periodos de inactividad (sin transacciones).

Las ECNs compiten por volumen entre sí. Por lo tanto, resulta difícil prever cuales han de prevalecer y desarrollarse.

Invirtiendo en Acciones: ETFs

Los Fondos de Inversión Cotizados (ETF) fueron creados en 1990 para ofrecer a los inversionistas de bolsa acceso a inversiones exóticas y reducir los costos de transacción. Una década más tarde, sobre un millar (1,000) de estos fondos se mercadeaban en las bolsas de valores.

Cada ETF representa una canasta de activos de todo tipo; desde valores físicos hasta instrumentos financieros.

Los ETFs son mercadeados en las bolsas de mayor importancia.

Los ETFs pueden seguir un índice, una industria, un producto, o hasta una estrategia de inversión particular. Se cotizan en las bolsas como cualquier acción; pueden ser comprados y vendidos como cualquier acción.

Se recomienda al inversionista enfocarse en un puñado de los más líquidos; alrededor de 50.

Los índices ETF de una cartera específica como el S&P 500 o el COMEX Gold son una gran opción. Este tipo de ETF minimizan los costos de administración.

El Fondo Vanguard 500 (VFINX), que ofrece rendimientos promedio de entre 9 y 10%, es reconocido como el primero, principal y más grande fondo mutuo indexado en el mundo.

Sus rendimientos se pueden replicar fácilmente usando el ETF SPDR (SPY). Con el beneficio adicional de cargos de administración más bajos que los fondos mutuos indexados.

El índice de gastos para el mercado extendido de los fondos mutuos indexados promedia 0.25%. Mientras que el de los fondos cotizados en bolsa (ETFs) indexados es de apenas 0.08%.

Nuestro cocinero adolescente y poco diestro trabajando para McDonald's podría alcanzar su meta de retirarse como millonario simplemente invirtiendo en el VFINX.

Otros instrumentos ETF a su disposición son:

- Spiders
- Vipers
- Diamonds
- Qubes

Hoy día, existen fondos cotizados en bolsa (ETFs) para prácticamente todos los sectores y tipo de valores en el mercado.

Conferencia 2: Teorías de Valoración de Acciones

Valorando Acciones Comunes

El precio de una acción común es fácil de calcular. Solo hay que identificar los flujos de efectivo y descontarlos hasta el presente.

En lo que sigue, revisaremos 4 diferentes métodos para valorar acciones y discutiremos sus respectivas ventajas y dificultades.

Modelo de Un Solo Período

Este modelo simple incorpora el dividendo y el precio que los inversores esperan al año siguiente.

$$Precio = \left[{}^{Div_1}/_{(1+k_e)}\right] + \left[{}^{Precio_1}/_{(1+k_e)}\right]$$

Ejemplo

Utilizando valores esperados para el precio y dividendo del próximo período:

¿Cuál es el precio teórico de una acción con dividendo y precio esperados de $0.16 y $60 respectivamente?

Usando una tasa de descuento del 12% la respuesta es $53.71.

$$Precio = \frac{0.16}{(1+0.12)} + \frac{60}{(1+0.12)} = 53.71$$

El Modelo de Dividendos Generalizados

Este modelo utiliza todos los pagos de dividendos y no hay precio. El mismo supone que el valor de la acción se compone de una serie de dividendos.

Fíjense que, de acuerdo con el principio de continuidad, el proceso de suma se extiende al infinito

$$Precio = \sum_{t=1}^{\infty} {}^{Div_t}/_{(1+k_e)^t}$$

El pago de dividendos puede estar determinado por el ciclo de vida de la empresa.

Algunas empresas jóvenes reinvierten sus ganancias y no pagan dividendos hasta alcanzar una etapa de madurez cuando las oportunidades de crecimiento son escazas.

Modelo de Crecimiento de Gordon

La suma infinita puede no ser manejable. El modelo de crecimiento de Gordon es una simplificación que facilita la estimación del modelo de dividendos generalizados.

$$Div_{(t+1)} = Div_t \times (1+g)$$

$$Precio = \sum_{t=1}^{\infty} {}^{Div_t}/_{(1+k_e)^t} = {}^{Div_1}/_{(k_e-g)}$$

Presunción:

El modelo supone que los dividendos crecen para siempre. En la realidad, los dividendos tienden a crecer. Se requiere que la tasa de crecimiento de los dividendos, *g*, sea menor que el rendimiento requerido de la acción, k_e. De lo contrario, la tasa de crecimiento del dividendo para la empresa seria poco realista y el modelo colapsa.

Modelo de Valoración Relación Precio-Ganancias

Ya que muchas empresas no pagan dividendos, una alternativa es utilizar el índice de relación precio-ganancias (PE). Este índice de relación es muy popular y se interpreta como la valoración relativa del mercado para un dólar de ganancias.

El precio de la acción se obtiene multiplicando el PE promedio para la industria por el valor esperado de las ganancias por acción para la empresa.

$$Precio = \frac{P}{E} \times E$$

Ejemplo:

El PE para la industria de una empresa es de 16. ¿Cuál es el precio actual de la acción para una empresa con ganancias de $1.13 / acción?

Respuesta: El valor (precio) de la acción de la empresa es el P / E de la industria veces sus ganancias.

Precio = 16 X $ 1.13 = $ 18.08

Los inversionistas interpretan un PE más alto que la media como anticipación de mayores ganancias futuras. Un PE alto también puede indicar que existe una percepción de que las ganancias de la empresa son muy seguras.

¡Descubre las Mejores Estrategias que Superan el Mercado!

Inversiones simples con los mayores rendimientos esperados.

Como el Mercado determina el Precio de los Valores

Los precios se establecen como el precio que el comprador está dispuesto a pagar por un activo en un mercado competitivo. La información desempeña un papel importante en el establecimiento de un equilibrio en el precio de los activos. Si el precio de un activo se considera por debajo de su valor fundamental (teórico), la demanda por el mismo aumentará y arrastrará el precio consigo. Una dinámica similar, pero en dirección opuesta, ocurrirá en caso de un valor excesivo.

La Subasta

Caso 1: Autos

Suponga que usted participa en una subasta de autos usados. Usted encuentra un Honda Accord y lo conduce para inspección, previo a la subasta.

El carro suena un poco. Según su experiencia, usted decide que el auto vale $5,000.

Un mecánico está en la subasta y también conduce el coche. Este se da cuenta de que el ruido es causado por las pastillas de freno que son baratas para remplazar. Él decide que vale $ 7,000.

Ustedes son los dos únicos postores. Usted abre la subasta con una oferta de $ 5.000. El mecánico ofrece $ 5,100.

Usted se retira de la subasta y el coche se vende por $ 5,100 a la persona dispuesta a pagar el precio más alto por el activo.

Caso 2: Acciones

Imagine una acción que pagará un dividendo de $2 el próximo año y crecerá un 3% para siempre. Usted requiere un rendimiento de 15% para compensar el riesgo de que el dividendo y la tasa de crecimiento podrían caer o desaparecer.

Jennifer está más segura de que tanto el dividendo como la tasa de crecimiento son sostenibles. Por lo tanto, ella sólo requiere un 12% de tasa de retorno por asumir los riesgos.

Bud trabaja en la industria como un ingeniero altamente competente y conoce cuál es el futuro de la empresa. No percibe ningún riesgo mayor para su inversión y sólo requiere un 7% para compensar su riesgo.

En la siguiente tabla, observe el amplio rango de precios generado por la distinta percepción de riesgo de los inversionistas. Usted estará dispuesto a pagar no más de $ 16.67 por la acción. Jennifer pagará un máximo de $22.22 y Bud pagará hasta $ 50 por acción.

El efecto neto es que el precio de la acción podría ser arrastrado hasta un máximo de $50 por acción.

Inversor	*Tasa de Descuento*	*Precio de la Acción*
Usted	15%	$16.67
Jennifer	12%	$22.22
Bud	7%	$50.00

Errores de Valoración
El modelo de valoración de Gordon confronta varias dificultades:

1. Estimación de la Tasa de Crecimiento
2. Estimación del Riesgo
3. Proyecciones de los Dividendos

Estimación de Tasa de Crecimiento
En la siguiente tabla, observe cuan sensible es el precio de una acción a la tasa de crecimiento. La misma acaba de pagar un

dividendo de \$2.00 (D_0) y se presume un rendimiento requerido constante de 15% (k_e).

Crecimiento (%)	*Precio (\$)*
1	14.43
3	17.17
5	21.00
10	44.00
11	55.50
12	74.67
13	113.00
14	228.00

Estimación del Riesgo
Si repetimos el análisis de sensibilidad de precios anterior, fijando la tasa de crecimiento a g = 5% y variando la tasa de rendimiento requerido.

Rendimiento Requerido (%)	*Precio (\$)*
10	42.00
11	35.00
12	30.00
13	26.25
14	23.33
15	21.00

¡Claramente los errores de estimación pueden tener enormes consecuencias!

El Arte Científico de La Valoración de Activos

Es necesario considerar las posibilidades y/o probabilidades de las diferentes tasas de crecimiento y de rendimiento para determinar si la inversión en un activo particular tiene sentido económico.

Esto aplica a decisiones de inversión dentro de cualquier campo de la economía financiera: finanzas corporativas, gestión de cartera de bonos, gestión de bienes raíces, futuros financieros, divisas y a la inversión en acciones.

Por supuesto, existen muchos enfoques diferentes.

El Colapso del Mercado de Acciones y Bienes Raíces de 2007-2009

La crisis financiera surgió en agosto de 2007. Este fue el comienzo de un desenfrenado mercado bajista.

Desde una perspectiva teórica, la crisis redujo la tasa de crecimiento en el modelo de Gordon y arrastró los precios hacia abajo. También impactó la tasa de rendimiento requerida por vía de un aumento en el riesgo percibido por los inversionistas arrastrando los precios a niveles insospechados.

Una Historia Personal

En agosto de 2007 las acciones de Banco Popular (BPOP) se estaban cotizando sobre los $26. En agosto de 2009 las mismas acciones cotizaban a $1.63. La cuenta de retiro 401(K) de mi esposa, al igual que la mayoría de los empleados de Banco Popular estaba totalmente concentrada en las acciones de su empleador.

Yo aconsejé a mi esposa a reasignar sus ahorros al fondo de Vanguard para el índice S&P 500 (VFINX) cunado los mercados estaban todavía a nivel óptimo.

Durante la crisis los índices de mercado se redujeron en 33%, lo que afectó el valor de la cuenta de retiro de mi esposa. Desgraciadamente, los demás empleados de Banco Popular perdieron casi la totalidad de sus ahorros.

Mi esposa readquirió, parcialmente, una posición en las acciones de Popular al precio de $1.63.

Gracias a su resolución a tomar estas estas dos decisiones el balance de su cuenta de retiro se aproxima rápidamente al medio millón de dólares.

Caso: 9/11, Enron y el Mercado

Los ataques terroristas del 11 de septiembre y el escándalo de Enron sacudieron el mercado de valores en 2001. Según el modelo de Gordon, estos eventos tendrían efectos sobre los precios en el mercado. Los mismos reducirían la tasa de crecimiento (g) debido a una parálisis económica post-ataque; mientras que el rendimiento requerido aumentaría para incluir el riesgo de otro ataque terrorista y una mayor incertidumbre sobre las ganancias futuras de las empresas.

Esto debería reducir el precio de las acciones según medido por un índice como el S&P 500.

Efectivamente, el precio de los principales índices cayó un 10% ese año, y esta tendencia hacia la baja se sostuvo durante dos años adicionales.

Conferencia 2: Stock Market Indexes

Índices **Bursátiles**

Los índices bursátiles miden el comportamiento de los precios de grupos de acciones. Los principales índices incluyen el Promedio Industrial Dow Jones Industrial, el S&P 500 y el promedio compuesto NASDAQ.

El Promedio Industrial Dow Jones (DJIA)

La composición de Dow 30 cambia periódicamente. Aquí está la alineación de 2012:

Empresa	Símbolo de la Acción	Empresa	Símbolo de la Acción
Apple	(NASDAQ:AAPL)	**JPMorgan Chase**	(NYSE:JPM)
American Express	(NYSE:AXP)	**McDonald's**	(NYSE:MCD)
Boeing	(NYSE:BA)	**3M Company**	(NYSE:MMM)
Caterpillar	(NYSE:CAT)	**Merck**	(NYSE:MRK)
Cisco Systems	(NASDAQ:CSCO)	**Microsoft**	(NASDAQ:MSFT)
Chevron	(NYSE:CVX)	**Nike**	(NYSE:NKE)
Coca-Cola	(NYSE:KO)	**Pfizer**	(NYSE:PFE)
DuPont	(NYSE:DD)	**Procter & Gamble**	(NYSE:PG)
ExxonMobil	(NYSE:XOM)	**The Travelers**	(NYSE:TRV)
General Electric	(NYSE:GE)	**UnitedHealth**	(NYSE:UNH)
Goldman Sachs	(NYSE:GS)	**United Technologies**	(NYSE:UTX)
Home Depot	(NYSE:HD)	**Visa**	(NYSE:V)
IBM	(NYSE:IBM)	**Verizon**	(NYSE:VZ)
Intel	(NASDAQ:INTC)	**Wal-Mart**	(NYSE:WMT)
Johnson & Johnson	(NYSE:JNJ)	**Walt Disney**	(NYSE:DIS)

El rendimiento del Dow 30 puede capturarse invirtiendo en el ETF DIA.

Invirtiendo en Índices Bursátiles

Un dólar invertido en el DJIA en 1980, cuando el nivel del índice Dow Jones era alrededor de 800, habría crecido a unos $16.40 para el año 2012, cuando el DJIA cerró en 13,104. Esto representó una tasa de crecimiento anual promedio de 8.8%. Si se hubiesen invertido $100,000 en 1980 el balance actual sería de $1,640,000.

Echemos un vistazo a las treinta acciones de Dow como se informó en DogsoftheDow.com en 2017.

(Ver Gráfico Arriba)

El DJIA para el periodo 1980–1990

Invertir en índices bursátiles requiere de una estrategia sencilla de explicar, pero difícil de ejecutar: comprar barato y vender caro. Algunos consejos sencillos pero determinantes son: (1) comprar (entrar) en baja luego de desplomes mayores, (2) identificar tendencias alcistas y (3) salir (vender) de la posición a la menor señal de un posible colapso.

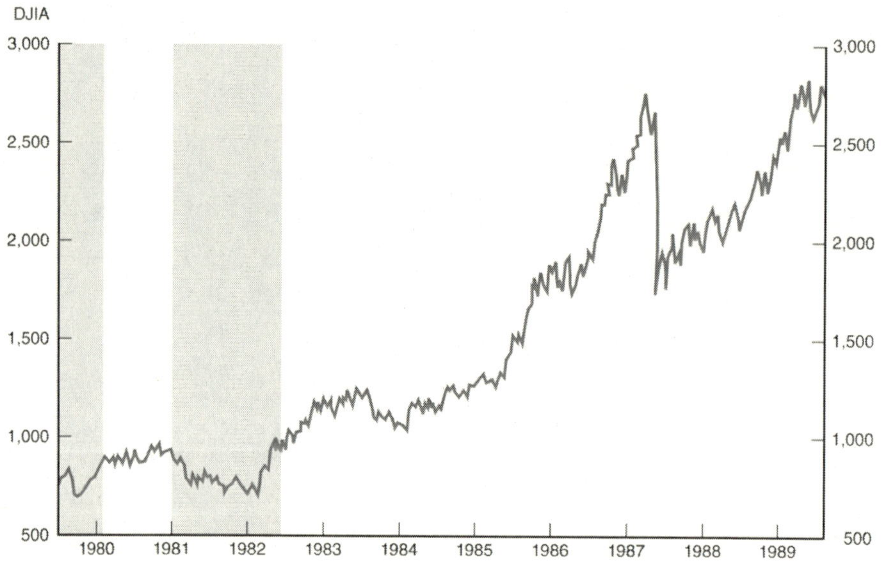

El DJIA para el periodo 1990–2013

El DJIA contiene un número tan pequeño de acciones que su valor puede variar significativamente relativo a un índice amplio como el S&P 500. Por esta razón, en la actualidad carece de la importancia como barómetro de mercado que alguna vez tuvo - cuando era el único índice en los comienzos del mercado bursátil de Nueva York.

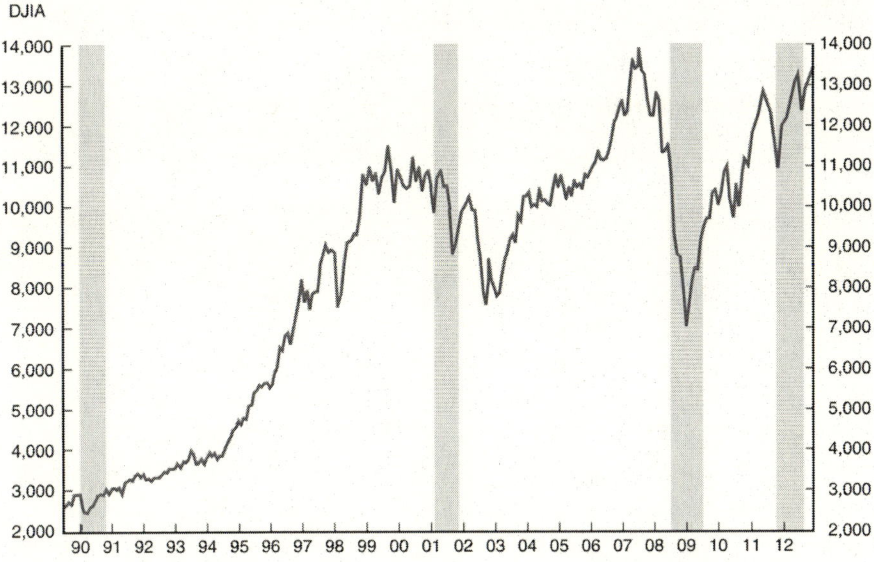

Source: http://finance.yahoo.com/q/hp?s=%5EDJI&a=09&b=1&c=2007&d=03&e=13&f=2010&g=m.

Valores Internacionales

Hay una vieja teoría de que añadir activos internacionales a una cartera de inversión aumentará sus retornos (rendimientos) y reducirá su volatilidad. Esto no ha podido demostrarse en la práctica.

Mi recomendación es no usar Recibos de Depósito Estadounidense (ADRs) para diversificar.

Comprar una acción extranjera a través de su respectiva bolsa doméstica puede utilizarse para capturar mayores retornos vía el marcado aumento de su precio. Sin embargo, esta transacción puede resultar complicada para los inversionistas estadounidenses debido a diferencias en los sistemas legales.

El uso apropiado de las ADRs es para especular en el extranjero.

Fijémonos en la gráfica de Fiat Chrysler Automotive (FCAU).

El FCAU funciona como un recibo de depósito estadounidense (ADR). Esto permite a la firma italiana cotizar en bolsas de los Estados Unidos, facilitando el comercio de sus acciones. Para crear acciones del FCAU los bancos estadounidenses compran acciones italianas y emiten recibos contra las mismas a través del NYSE.

La firma italiana debe cumplir con los estrictos requisitos regulatorios de los Estados Unidos para que se le permita continuar cotizándose.

Conferencia 3: Regulación del Mercado de Valores

Regulación del Mercado de Valores

La Comisión de Valores y Bolsa (SEC) tiene una misión principal de "... proteger a los inversionistas y mantener la integridad de los mercados de valores". A tales efectos, la SEC impone sanciones a firmas e individuos, que pueden alcanzar hasta un total de 500 casos anuales. Para ello utiliza cuatro divisiones.

Divisiones de la SEC

1: La ***División de Finanzas Corporativas*** es responsable de recolectar, revisar y archivar todos los documentos que las corporaciones y los individuos deben presentar

2: La ***División de Regulación del Mercado*** mantiene reglas ordenadas y establece mercados eficientes.

3: La ***División de Gestión de Inversiones*** se centra en la supervisión y regulación de la industria de gestión de inversiones

4: La ***División de Implementación*** investiga violaciones de los reglamentos establecidos por las otras divisiones.

Existen instancias de doble estándar en la SEC y usted podría ser un pececillo tragado por peces grandes. La SEC fue duramente criticada por permitir que Merrill Lynch destruyera millones de documentos mientras se le investigaba.

Resumen de las Mejores Estrategias Diversificadas

Cuentas IRA indexadas- Son fáciles de configurar. Simplemente selecciona el fondo mutuo indexado de menor costo y con menor rotación de activos del menú de opciones del plan 401(K) patrocinado por tu empleador.

Los Perros del DOW (Dogs of the Dow) — Descubre cómo crear una cartera sencilla de 10 acciones del DOW visitando el sitio web Dogs of the Dow.

Los Diez Mejores Rendimientos por Dividendo del S&P — Invierte en las 10 acciones del S&P con mayor rendimiento por concepto de dividendos. Esta información está disponible a través de múltiples sitios web. Trata el siguiente: http://indexarb.com/dividendYieldSortedsp.html

Resumen de las Mejores Estrategias No Diversificadas

Perros Pequeños del DOW (*Small Dogs of the Dow)* —Crea una cartera de inversión comprando las 5 acciones del DOW con mejor rendimiento por concepto de dividendos.

Los Cinco Mejores Rendimientos por Dividendo del S&P — En lugar de 10, invierte en las 5 acciones del S&P con mayor rendimiento por concepto de dividendos.

El Sistema de 10 Acciones Devaluadas de Warren Buffet - Lea todas las cartas de Warren Buffet a sus accionistas en http://www.berkshirehathaway.com/letters/letters.html. Luego compre las 10 acciones más devaluadas que pueda encontrar.

El Sistema de 3 Acciones Devaluadas de Charlie *Munger* — Munger, socio de Warren Buffet, le sugiere que compre las 3 acciones más devaluadas que pueda encontrar.

El Sistema de Impacto de Precio de 3 Acciones de Nicolas Darvas – Este tema está cubierto de manera independiente en otro de mis cursos.

El Sistema de Comercio de Tortugas— Tema cubierto en otro de mis cursos.

Cartera de Inversión de 1 Activo de John Maynard Keynes — Consiste en comprar acciones en la empresa más grande y mejor manejada en el mercado.

Cartera de Amplificación del Rendimiento de las Opciones — Puedes multiplicar los retornos de una inversión por un factor igual o mayor a 5 utilizando estrategias de apalancamiento controlado. También ofrezco varios cursos sobre este tema.

Resumen de Mejores Libros Sobre Inversiones

How I Made $2,000,000 in the Stock Market *por Nicolas Darvas* — La mejor descripción de las múltiples campañas bursátiles. Lectura obligada.

Reminiscences of a Stock Operator *por Edwin LeFevre* - Mejor descripción de la mentalidad correcta para triunfar en la bolsa de valores.

How to Trade Stock *por Jesse Livermore* – Entrevista al legendario inversionista realizada por la revista *Reminiscences*.

How to Make Money in Stocks: A Winning System in Good Times and Bad *por William O'Neil* - Excelentes explicaciones sobre herramientas útiles publicadas por el periódico financiero Investor's Business Daily.

The Dhando Investor *por Mohnish Pabrai* - Gran biografía de un hombre brillante de la India que logró el éxito luego de estudiar todo lo publicado por Warren Buffet.

How to Make the Stock Market Make Money for You *por Ted Warren* — Narra cómo un soldador se hizo muy rico en el mercado de valores.

Resumen de los Mejores Libros Sobre Psicología de La Inversión

Think and Grow Rich *por Napoleon Hill* — Como desarrollar enfoque y resolución.

The Disappearance of the Universe *por Gary Renard* — Cómo mirar el dinero de manera diferente dejando de lado las preocupaciones materiales para lograr una mentalidad ganadora. Muy útil cuando el mercado se mueve en su contra.

Advaita Vedanta : A Philosophical Reconstruction — Filosofía clásica de La India que presenta un sistema de pensamiento similar al de Gary Renard.

Reto al Estudiante

Encuentre el activo que le parezca el mejor de los perros de la Dow hoy. Utilice el sitio web DogsOfTheDow.com para hacer su investigación. Cuelgue su selección en el foro y yo le daré mi opinión. El estudiante con el rendimiento más alto al término de un mes ganará un premio.

Descargo de Responsabilidad

LA INFORMACIÓN CONTENIDA EN ESTE DOCUMENTO SE CREE QUE ES FIABLE, PERO NO SE PUEDE GARANTIZAR COMO FIABILIDAD, EXACTITUD O INTEGRIDAD; Y, COMO TAL ESTÁ SUJETO A CAMBIOS SIN PREVIO AVISO. NO SEREMOS RESPONSABLES DE NINGÚN DAÑO, QUE PUEDA RESULTAR DE LA CONFIANZA EN ESTA INFORMACIÓN O LAS OPINIONES AQUÍ EXPRESADAS. DIVULGACIÓN DE RIESGO: EL RIESGO DE PÉRDIDA EN EL COMERCIO DE FUTUROS, DIVISAS Y OPCIONES COMERCIALES PUEDE SER SUBSTANCIAL; POR LO TANTO, SOLAMENTE FONDOS DE RIESGO GENUINOS DEBEN SER UTILIZADOS. LOS FUTUROS, LAS DIVISAS Y LAS OPCIONES PUEDEN NO SER INVERSIONES ADECUADAS PARA TODOS LOS INDIVIDUOS, Y LOS INDIVIDUOS DEBEN CONSIDERAR CUIDADOSAMENTE SU CONDICIÓN FINANCIERA PARA DECIDIR SI HAN DE COMERCIAR. LOS COMERCIANTES DE OPCIONES DE FUTURO DEBEN SER CONSCIENTES DE QUE EL EJERCICIO DE UNA OPCIÓN DE COMPRA RESULTARÁ EN UNA POSICIÓN EN FUTUROS. LOS RESULTADOS DEL RENDIMIENTO HIPOTÉTICO TIENEN MUCHAS LIMITACIONES INHERENTES, ALGUNAS DE LAS QUE SE DESCRIBEN ABAJO. NO SE HACE NINGUNA REPRESENTACIÓN QUE CUALQUIER CUENTA TENDRÁ, O ES PROBABLE QUE LOGRE, BENEFICIOS O PÉRDIDAS SIMILARES A LOS MOSTRADOS. DE HECHO, FRECUENTEMENTE HAY DIFERENCIAS MARCADAS ENTRE LOS RESULTADOS HYPOTHETICOS DE RENDIMIENTO Y LOS RESULTADOS REALES SUBSEQUENTEMENTE LOGRADOS POR CUALQUIER PROGRAMA PARTICULAR DE NEGOCIO. UNA DE LAS LIMITACIONES DE LOS RESULTADOS HIPOTÉTICOS DEL RENDIMIENTO ES QUE ESTÁN GENERALMENTE PREPARADOS CON EL BENEFICIO DE COMPRENSIÓN RETROSPECTIVA. ADEMÁS, LA NEGOCIACIÓN HIPOTÉTICA NO INVOLUCRA RIESGO FINANCIERO, Y NINGÚN

REGISTRO DE NEGOCIACIÓN HIPOTÉTICA PUEDE COMPLETAMENTE CONOCER EL IMPACTO DEL RIESGO FINANCIERO EN LA NEGOCIACIÓN REAL. POR EJEMPLO, LA CAPACIDAD DE RESTRINGIR PÉRDIDAS O ADHERIRSE A UN PROGRAMA DE COMERCIO PARTICULAR, A PESAR DE PÉRDIDAS COMERCIALES, SON PUNTOS MATERIALES QUE TAMBIÉN PUEDEN AFECTAR DE MANERA ADVERSA LOS RESULTADOS DE LA NEGOCIACIÓN ACTUAL. EXISTEN MUCHOS OTROS FACTORES RELACIONADOS CON LOS MERCADOS, EN GENERAL, O CON LA IMPLEMENTACIÓN DE CUALQUIER PROGRAMA DE COMERCIO ESPECÍFICO QUE NO PUEDEN SER COMPLETAMENTE CONSIDERADOS EN LA PREPARACIÓN DE LOS RESULTADOS DE RENDIMIENTO HIPOTÉTICO Y QUE PUEDEN AFECTAR LOS RESULTADOS DE LA NEGOCIACIÓN ACTUAL.

Made in United States
North Haven, CT
04 November 2026

21770209R00023